# Santa Teresinha

## novena das flores

### uma chuva de bênçãos

# Santa Teresinha

## novena das flores

### uma chuva de bênçãos

Pe. Pedro Rubens, SJ

Antonio Marinho

Hime Navarro



Paulinas

Edições Loyola

Dados Internacionais de Catalogação na Publicação (CIP)
(Câmara Brasileira do Livro, SP, Brasil)

Oliveira, Pedro Rubens Ferreira
Santa Teresinha : novena das flores : uma chuva de bênçãos / Pedro Rubens Ferreira Oliveira, Antonio Marinho, Hime Navarro. -- São Paulo : Edições Loyola (Aneas) : Paulinas, 2025. -- (Devoções populares : míni)

ISBN 978-65-5504-469-0 (Loyola)
ISBN 978-65-5808-373-3 (Paulinas)

1. Novenas 2. Teresa do Menino Jesus, Santa, 1873-1897 - Orações e devoções I. Navarro, Hime. II. Rubens, Pedro. III. Título IV. Série.

25-292791 CDD-242.76

Índices para catálogo sistemático:
1. Santa Teresinha : Orações : Cristianismo 242.76

Cibele Maria Dias - Bibliotecária - CRB-8/9427

**Diretor geral:** Eliomar Ribeiro, SJ
**Editor:** Gabriel Frade

**Diretora editorial (Paulinas):** Ágda França

**Capa:** Ronaldo Hideo Inoue
**Diagramação:** Desígnios Editoriais
**Preparação:** Paulo Fonseca
**Revisão:** Fernanda Guerriero Antunes

Capa montada a partir da ilustração de © Hime Navarro.

No miolo, imagem de © LiliGraphie (Adobe Stock)
e vinhetas de © Hime Navarro.

Edições Loyola
Rua 1822 n° 341, Ipiranga
04216-000 São Paulo, SP
T 55 11 3385 8500/8501, 2063 4275
**editorial**@loyola.com.br, **vendas**@loyola.com.br
**loyola.com.br**, @edicoesloyola

Paulinas
Rua Dona Inácia Uchoa n° 62, Vila Mariana
04110-020 São Paulo, SP
T 55 11 2125 3500, **TM/SAC** 0800 70 100 81
**editora**@paulinas.com.br, **paulinas.com.br**



ISBN (Edições Loyola) 978-65-5504-469-0
ISBN (Paulinas) 978-65-5808-373-3



111520

Este livro é dedicado a
Maria do Carmo Ferreira de Oliveira,
mãe e mestra, na escola e na comunidade,
nascida em 28 de setembro de 1934,
durante a 1ª novena de Santa Teresinha,
em Vazantes, distrito de Aracoiaba, Ceará.

Agradecimentos especiais:
Aos coautores Antonio Marinho (cordel) e
Hime Navarro (artes);
a Edições Loyola, em nome do
Padre Eliomar Ribeiro;
a Paulinas Editora, em nome da
Irmã Ágda França.

# Sobre os coautores

**Antonio Marinho** é poeta pernambucano, professor, pesquisador e gestor/produtor cultural, nascido em São José do Egito. Fez toda a sua formação acadêmica na Universidade Católica de Pernambuco (Unicap): graduação em Direito, mestrado em Indústrias Criativas e está concluindo seu doutorado em Ciências da Linguagem. Consultor da OEI (Organização dos Estados Ibero-americanos para Ciência, Educação e Cultura), professor do Cesar School e Diretor do Instituto Lourival Batista.

**Hime Navarro Maçães** é pernambucano do Recife, ilustrador autodidata, arquiteto graduado pela Universidade Federal de Pernambuco (UFPE) e mestre em Indústrias Criativas pela Unicap. Faz parte do OPA (Oração pela Arte) e foi um dos criadores do projeto de catequese Anjinhos do Brasil, da CNBB. Com uma trajetória profissional iniciada em 1996, desenvolve projetos de comunicação visual para clientes de diversos setores, no Brasil e no exterior.

# Sumário

*Santa Teresinha*

Novena das flores, uma chuva de bênçãos ... 9

Teresinha de Jesus, santa para qualquer tempo... 21

Primeira noite

*Noite das Rosas* ... 23

Segunda noite

*Noite dos Lírios* ... 35

Terceira noite

*Noite das Margaridas* ... 45

Quarta noite

*Noite das Violetas* ... 59

Quinta noite

*Noite dos Miosótis* ... 71

Sexta noite

*Noite dos Crisântemos* ........ 85

Sétima noite

*Noite dos Girassóis* ........ 97

Oitava noite

*Noite da Flor de cacto* ........ 109

Nona noite

*Noite da Flor-do-campo* ........ 121

*Cantos* ........ 135

# Santa Teresinha

## Novena das flores, uma chuva de bênçãos

Quando adolescente, eu não gostava de Santa Teresinha...

Na verdade, eu estranhava que as pessoas fizessem promessas e ficassem à espera de um sinal muito específico - receber uma rosa - com base na promessa da santa de enviar dos céus uma chuva de rosas... Mas como seria possível, em pleno sertão cearense, região semiárida, marcada por secas periódicas, acontecer uma chuva dessas ou até mesmo receber uma simples rosa?

Eu ficava também admirado com o fato de tantas pessoas, das mais simples às mais eruditas, venerarem Teresinha, uma das santas mais conhecidas e amadas em todo o mundo. Seja como for, até há pouco tempo, eu não havia cultivado devoção a ela, nem despertado para conhecer os escritos dessa "doutora da Igreja" (Papa João Paulo II, 1997), perita na "ciência do amor", motivo que moveu o Papa Bento XVI a indicá-la como guia para os estudiosos da teologia (2011), como eu. Ainda: em 2023, o Papa Francisco lançou uma bela exortação apostólica, *C'est la confiance*, por ocasião do 150º aniversário de nascimento da santa de Lisieux.

Em dezembro de 1925, um jesuíta idoso, Padre Antônio Putingan, sentindo a diminuição de suas forças, resolveu fazer uma novena a Santa Teresinha em três partes: 24 vezes rezava o Glória, fazia um pedido de graça a alcançar (mais saúde!) e um sinal concreto da graça de Deus, que era receber uma rosa. E assim nasceu a famosa *Novena das rosas*, mundialmente conhecida. Não deixa de ser impressionante como essa devoção chegou tão rapidamente em uma pequena comunidade, tão distante de Lisieux, na França...

Em setembro de 1934, apenas nove anos depois da canonização da santinha de Lisieux, em 17 de maio de 1925, e da criação da *Novena das rosas*, a Professora Isaura Nobre iniciou o novenário de Santa Teresinha, em Vazantes, distrito de Aracoiaba, no interior do Ceará, meu povo de origem, hoje uma comunidade da paróquia Nossa Senhora das Graças.

Em 2024, vivi uma experiência inusitada. Fui convidado a participar dos festejos da 90ª festa de Santa Teresinha, copadroeira da comunidade eclesial de Vazantes, fazendo coincidir com o dia da celebração dos 90 anos da Professora Maria do Carmo, importante liderança local e minha mãe. Bem antes, para melhor preparar a homilia, li a biografia da querida santinha, a *História de uma alma*, e, na sequência, suas *Obras completas*. Assim, nas filigranas de uma linguagem simples e muito original, fui descobrindo a grandeza teológica e espiritual de Santa Teresinha. E a experiência foi uma chuva de bênçãos para mim...

Mas por que propor esta *Novena das flores* como alternativa à centenária *Novena das rosas*?

A partir da experiência pessoal partilhada na página anterior e, sobretudo, motivado pela grande devoção popular, senti o desejo de atualizar e incrementar a novena. Eu não ousaria, no entanto, propor algo novo sem ter encontrado nos próprios escritos de Santa Teresinha uma nova inspiração, como bem indica uma passagem de seus manuscritos que transcreverei em seguida. Entre tantos aspectos interessantes, chamaram-me a atenção os questionamentos da jovem carmelita sobre a maneira como Deus tinha "preferências" por algumas pessoas em detrimento de outras, que viviam e morriam em grandes dificuldades:

> Durante muito tempo perguntava a mim mesma por que Deus tinha preferências, por que não recebem todas as almas [todas as pessoas] o mesmo grau de graças,

> estranhava vendo-o prodigalizar favores extraordinários aos santos que o haviam ofendido, como São Paulo, Santo Agostinho, e que ele forçava, por assim dizer, a receber suas graças ou lendo a vida dos santos que Nosso Senhor houve por bem acariciar do berço ao túmulo, sem deixar no caminho deles obstáculo algum que os impedisse de elevar-se para ele e prevenindo essas almas de tantos favores...[1]

Ora, Teresinha do Menino Jesus e da Santa Face encontrou uma luz e pista de resposta aos seus questionamentos, não propriamente nas Sagradas Escrituras e nas orações convencionais, mas na contemplação do livro da natureza:

> Jesus aceitou instruir-me a respeito desse mistério, pôs diante dos meus olhos o livro

1. Santa Teresa de Lisieux, *Obras completas de Santa Teresinha do Menino Jesus*, São Paulo, Loyola, [4]2022, 69-70 [1. ed. 1997].

> da natureza, e compreendi que todas as flores que ele criou são belas, que o esplendor da rosa e a alvura do lírio não impedem o perfume da pequena violeta ou a simplicidade encantadora da margaridinha... Compreendi que se todas as florzinhas quisessem ser rosa, a natureza perderia seu adorno primaveril, os campos não seriam mais salpicados de florzinhas...[2]

A partir dessa descoberta reveladora, Teresinha vai comparar o grande jardim que é a humanidade, com sua diversidade de pessoas e situações, semelhante à diversidade de flores, todas com igual dignidade e beleza, com uma vocação à santidade, inclusive ela mesma, autodenominada florzinha, a pequenina flor-do-campo. Teresinha considera a santidade não algo extraordinário, mas acessível a todas as pessoas,

2. Ibid., 70.

desvelando assim um caminho novo, uma vereda espiritual, a partir do cotidiano e das pequenas coisas.

Inspirado nessas passagens, achei oportuno, no centenário da canonização de Santa Teresinha, propor essa nova novena, que, além de conter os elementos da versão tradicionalmente conhecida, inclui algumas novidades: primeiramente, o nome de uma flor diferente em cada noite, inspirado no livro da natureza, com uma reflexão sobre suas propriedades e o sentido espiritual atribuído a cada uma delas; segundo, como hino de abertura, trazemos um cordel - poesia popular nordestina - inédito; terceiro, inserimos uma passagem da Palavra de Deus contida na Bíblia e uma perguntinha para reflexão segundo o livro da vida, resgatando a bela tradição brasileira dos círculos bíblicos, inspirando-nos na relação fé e vida presente na oração de Teresinha de Lisieux; em quarto lugar, propomos um ramalhete de preces pelas intenções dos participantes e, enfim, um gesto concreto para coroar o encontro e plantar esperança. Eis a proposta desta novena das flores!

Que Santa Teresinha, em sua vida simples e singela, nos ensine a rezar a partir do livro da natureza, da vida cotidiana e das Sagradas Escrituras, descobrindo nas pequenas coisas a grandeza do amor de Deus, mostrando-nos assim a pequena via ou as veredas que nos conduzem à vida espiritual no coração da nossa existência, onde Deus vem ao nosso encontro.

Padre Pedro Rubens, SJ
30 de junho de 2025

# Como rezar essa novena?

- Em grupo existente ou a ser formado;
- Em comunidade ou paróquia;
- Em casa, apartamento ou rua, com vizinhos;
- Com amigos e familiares;
- À distância, por meio de encontros virtuais;
- E até mesmo a *sós*.

Sem esquecer de partilhar um gesto concreto!

# Quando rezar essa novena?

- Em setembro para concluir em 1º de outubro, Festa de Santa Teresinha;
- Onde ela for padroeira ou copadroeira – fazer como preparação das pessoas que irão trabalhar na festa;
- Começar depois do dia 1º de outubro, em sequência da missa festiva;
- Em qualquer época do ano...

# Como preparar a festa?

- Organizar um grupo;
- Decidir lugar de oração: casas, apartamentos, comunidade;
- Prover sementes de flores ou mudas;
- Conseguir, pelo menos, uma muda das flores de cada dia.

# Teresinha de Jesus, santa para qualquer tempo...

"Do céu à terra, a atualidade de Santa Teresa do Menino Jesus e da Santa Face permanece em toda a sua 'pequena grandeza'.

Num tempo que nos convida a fechar-nos nos próprios interesses, Teresinha mostra a beleza de fazer da vida um dom.

Num período em que prevalecem as necessidades mais superficiais, ela é testemunha da radicalidade evangélica.

Numa época de individualismo, ela faz-nos descobrir o valor do amor que se torna intercessão.

Num momento em que o ser humano vive obcecado pela grandeza e por novas formas de poder, ela aponta a via da pequenez.

Num tempo em que se descartam tantos seres humanos, ela ensina-nos a beleza do cuidado, do ocupar-se do outro.

Num momento de complexidade, ela pode ajudar-nos a redescobrir a simplicidade, o primado absoluto do amor, da confiança e do abandono, superando uma lógica legalista e moralista que enche a vida cristã de obrigações e preceitos e congela a alegria do Evangelho.

Num tempo de entrincheiramento e reclusão, Teresinha convida-nos à saída missionária, conquistados pela atração de Jesus Cristo e do Evangelho."

Papa Francisco, Exortação apostólica *C'est la confiance,* sobre a confiança no amor misericordioso de Deus, por ocasião do 150º aniversário do nascimento de Santa Teresinha do Menino Jesus e da Santa Face, 15 de outubro de 2023, n. 52.

## *Primeira noite*

# Noite das Rosas

*Santa Teresinha,*
*fazei chover bênçãos*
*sobre nós.*

## 1. Abertura:

*Animador(a) 1*: Antes de partir para os braços de Deus, Santa Teresinha deixou um pequeno testamento: "Não quero permanecer inativa no céu, meu desejo é trabalhar mais pela Igreja e pelas almas. [...] Quero passar meu céu a fazer o bem sobre a terra. Depois da minha morte, farei cair uma chuva de rosas"[1]. E, desde então, graças à irradiação de sua vida e obra, uma chuva de bênçãos vem caindo sobre a humanidade. Mas, como veremos em seus escritos, ela contemplava, no livro da natureza, não apenas as rosas, mas uma diversidade de flores criadas por Deus, cada uma delas com sua beleza singular e, ao mesmo tempo, plural, como a própria humanidade.

*Animador(a) 2*: As rosas também são de variados tipos, das mais pequeninas às grandes, das que nascem em regiões frias às belas rosas-do-deserto.

---

1. SANTA TERESINHA DO MENINO JESUS, *História de uma alma*, Petrópolis, Vozes, 2024, 193.

Nessa primeira noite da novena, rezemos pela humanidade inteira em sua grande diversidade de situações, de culturas, de raças, línguas e religiões. Vamos tentar contemplar a humanidade em suas diversidades, buscando enxergar com o olhar misericordioso de Deus sobre cada um de nós, seus filhos e filhas, flores e frutos de seu jardim no mundo, onde foi inaugurado, por Jesus, o Reinado de Deus.

Santa Teresinha, testemunha de amor a Deus e ao próximo, rogai por nós!

**2. Hino em forma de cordel (Antonio Marinho):**

Ouve, Santa Teresinha
nossas preces fervorosas
manda uma chuva de bênçãos
contendo o cheiro das rosas
para que os nossos caminhos
apesar dos seus espinhos
sejam milagre de luz

seguindo firme e afável
tua fé inabalável
no amor do Cristo Jesus

Como a rosa que perfuma
em sua primeira hora
faz-nos entender que o céu
se faz aqui e agora
para que nossos altares
sejam todos os lugares
histórias e existências
pelo brilho do teu lume
que a vida tenha o perfume
da partilha das essências

A rosa é o seu presente
o lírio é a confiança
margarida é bem-querer
violeta é esperança
miosótis, amor dado
crisântemos são o cuidado

girassóis a direção
flor do cacto resistência
flor-do-campo persistência
Teresinha santa essência
flor que o céu plantou no chão.

### 3. Palavra de Deus segundo São Paulo (1Cor 12,1-11): *Diversidade de dons, mas unidade no Espírito.*

A respeito dos dons espirituais, irmãos, não quero que vós ignoreis. Sabeis, quando éreis gentios, como éreis guiados pelos ídolos mudos, sendo desviados. Por isso, dou-vos a conhecer que ninguém, falando pelo Espírito de Deus, diz: "Anátema Jesus!". E ninguém pode dizer: "Senhor Jesus" senão pelo Espírito Santo. Ora, há diversos dons, mas o mesmo Espírito; existem diversos serviços, mas o mesmo Senhor; e existem diversas atividades, mas o mesmo

Deus que opera tudo em todos. A manifestação do Espírito é dada a cada um para o bem comum. Pois, a um, pelo Espírito, é dada uma palavra de sabedoria; e, a outro, uma palavra de conhecimento, segundo o mesmo Espírito; a outro, fé, no mesmo Espírito; e, a outro, dons de curas, no único Espírito; mas, a outro, realizações de prodígios; a outro, profecia; a outro, discernimentos de espíritos; a outro, diversidade de línguas; e, a outro, interpretação de línguas. Mas em todas essas coisas opera um só e mesmo Espírito, distribuindo individualmente conforme quer.

## 4. Palavras de Santa Teresinha: *a beleza natural da diversidade do Reino.*

Durante muito tempo perguntava a mim mesma por que Deus tinha preferências, por que não recebem todas as almas [todas as pessoas] o mesmo grau de graças, estranhava vendo-o prodigalizar favores extraordinários aos santos que o haviam ofendido, como São Paulo, Santo Agostinho, e que Ele forçava, por assim dizer, a receber suas graças. [...] Jesus aceitou instruir-me a respeito desse mistério, pôs diante dos meus olhos o livro da natureza, e compreendi que todas as flores que ele criou são belas, que o esplendor da rosa e a alvura do lírio não impedem o perfume da pequena violeta ou a simplicidade encantadora da margaridinha... Compreendi que se todas as florzinhas quisessem ser rosas, a natureza perderia seu adorno primaveril, os campos não seriam mais salpicados de florzinhas...[2]

---

2. Id., *Obras completas de Santa Teresinha do Menino Jesus*, 69-70.

**Para meditar ou partilhar:**
Que pessoas ou situações necessitam de nossa compreensão e oração, assim como da bênção do amor de Deus?
(*Canto*)

**5. Ramalhete de preces e súplicas:**

*Animador(a)*: Rezemos espontaneamente, dizendo depois de cada invocação:

*Refrão*: Santa Teresinha, rogai por nós que recorremos a vós.

1) Pelas pessoas que não descobriram ainda o caminho da fé, mas buscam sinceramente a Deus, rezemos ao Senhor, por intercessão de Santa Teresinha.
2) Pelas pessoas que têm fé, embora pratiquem outras religiões e sejam vítimas de intolerância,

rezemos ao Senhor, por intercessão de Santa Teresinha.

3) Pelas pessoas que professam a mesma fé cristã, mas frequentam igrejas diferentes, rezemos ao Senhor, por intercessão de Santa Teresinha.
4) Pelas pessoas que sofrem e são discriminadas por serem diferentes, rezemos ao Senhor, por intercessão de Santa Teresinha.
5) Pelas pessoas que trabalham nas comunidades e igrejas, mas nem sempre são bem reconhecidas, rezemos ao Senhor, por intercessão de Santa Teresinha.

Seguem-se preces espontâneas, em silêncio ou em voz alta, finalizadas com o refrão.

**6. Pedido da graça:**

*Animador(a)*: Rezemos juntos, colocando-nos confiantes diante de Deus, por intercessão de Santa Teresinha:

"Diante da Santíssima Trindade, agradeço ao Pai Misericordioso, ao Filho Redentor e ao Espírito Santo Consolador por todas as graças da vida de Santa Teresinha do Menino Jesus e da Santa Face, no decorrer de apenas 24 anos que passou na terra. E pela intercessão de tão querida santinha, concedei-me a graça que confiantemente vos peço [*fazer aqui o pedido desejado*], se assim for conforme a vossa Vontade e para o bem maior de minha vida (ou da pessoa por quem estou rezando).

Ajudai, Santa Teresinha, a aumentar a minha fé, a renovar minha esperança e a crescer na capacidade de amar, cumprindo mais uma vez vossa promessa de que ficareis no Céu a fazer o bem na Terra, permitindo que eu receba uma rosa ou uma flor em sinal de que alcançarei a graça pedida."

*Animador(a)*: Em sinal dos anos de vida de nossa querida Santinha, rezemos 24 vezes: Glória ao Pai, ao Filho e ao Espírito Santo, como era no princípio, agora e sempre. Amém.

**7. Orações finais e gesto concreto:**

*Animador(a)*: Santa Teresinha reconhece o amor de Deus no cotidiano de sua vida, nas pequenas coisas. Nesse sentido, seria interessante fazer um gesto concreto de amor:

1) Ao invés de arrancar uma flor da natureza, que tal plantar uma semente ou cultivar uma muda de uma das flores citadas nesta novena, e doá-la a alguma pessoa, depois do novenário?
2) Ou outro gesto concreto à escolha...

Reza-se o pai-nosso e a ave-maria.

Abraço de paz (*canto*) e despedida.

*Segunda noite*

# Noite dos *Lírios*

*Santa Teresinha,*
*ensina-nos a confiança*
*que leva ao amor...*

**1. Abertura:**

*Animador(a) 1*: Santa Teresinha, entre várias flores, destaca a "alvura dos lírios". Aqui não se trata propriamente dos pequenos lírios do campo, florzinhas silvestres, mas dos lírios típicos, os quais têm uma variedade de cores, tamanhos e simbolismos: o lírio-rosa ou vermelho é sinal de amor; o lírio-azul significa a conexão com o divino e é associado à segurança e à confiança; o lírio-amarelo transmite alegria, calor e luz; enfim, o lírio-branco, mais conhecido, é associado à pureza e à virtude em geral.

*Animador(a) 2*: Alguns santos, como São José, São Luís Gonzaga, Santo Estanislau Kostka e São João Berchmans aparecem com um lírio em mãos. Nessa segunda noite da novena das flores, contemplando os diversos lírios, peçamos a graça de sermos revestidos com a beleza do amor, da confiança, da alegria e da pureza.

Santa Teresinha, exemplo de plena confiança em Deus, rogai por nós!

## 2. Hino em forma de cordel (Antonio Marinho):

Ouve, Santa Teresinha
nossas preces fervorosas
manda uma chuva de bênçãos
contendo o cheiro das rosas
para que os nossos caminhos
apesar dos seus espinhos
sejam milagre de luz
seguindo firme e afável
tua fé inabalável
no amor do Cristo Jesus

Sejamos lírios voando
sobre o chão verde de ervança
botando fé na semente
nutrida da confiança
porque Cristo é a certeza
que o jardim terá beleza
que o pólen vai virar flor
aguando, semeando

trabalhando, confiando
nós colheremos amor

A rosa é o seu presente
o lírio é a confiança
margarida é bem-querer
violeta é esperança
miosótis, amor dado
crisântemos são o cuidado
girassóis a direção
flor do cacto resistência
flor-do-campo persistência
Teresinha santa essência
flor que o céu plantou no chão.

**3. Palavra de Deus segundo São Marcos (9,2-8):**
***"Este é meu Filho Amado. Ouvi-o!"***

Seis dias depois, Jesus tomou consigo Pedro, Tiago e João e os levou a sós a uma alta montanha. E foi transfigurado diante deles. Suas vestes tornaram-se brilhantes, extremamente brancas, como nenhum lavadeiro sobre a terra poderia assim alvejar. Apareceram-lhes Elias com Moisés, e estavam conversando com Jesus. Tendo tomado a palavra, Pedro disse a Jesus: "Rabi, é belo para nós estarmos aqui. Façamos três tendas: uma para ti, uma para Moisés e uma para Elias!". De fato, não sabia o que dizer, pois estavam atemorizados. E aconteceu que uma nuvem os encobriu, e uma voz veio da nuvem: "Este é meu Filho Amado. Ouvi-o!". E, repentinamente, olhando em torno, não viram mais ninguém, mas somente Jesus com eles.

### 4. Palavras de Santa Teresinha:
*Só a confiança nos conduz ao amor.*

Ah! Fiquemos muito longe de tudo o que brilha, amemos nossa pequenez, gostemos de nada sentir, então, seremos pobres de espírito e Jesus virá buscar-nos, por mais longe que estejamos ele transformar-nos-á em chamas de amor!... Oh! Como gostaria de fazer compreender o que sinto!... É a confiança, só a confiança que deve levar-nos ao amor... O temor não leva à justiça?... Já que vemos o caminho, corramos juntas, sinto-o bem, Jesus quer conceder-nos as mesmas graças, quer dar-nos seu céu gratuitamente[1].

**Para meditar ou partilhar:**
Quais as maiores dificuldades para confiar em Deus e nas pessoas?
(*Canto*)

1. Id., *Obras completas de Santa Teresinha do Menino Jesus*, 444.

**5. Ramalhete de preces e súplicas:**

*Animador(a)*: Rezemos espontaneamente, dizendo depois de cada invocação:

*Refrão*: Santa Teresinha, rogai por nós que recorremos a vós.

1) Dos pensamentos que nos desviam dos caminhos de Deus, nós te pedimos.
2) Das palavras que dizemos sem pensar ou não ajudam a manter a boa relação com as outras pessoas, nós te pedimos.
3) Dos sentimentos que nos levam a fazer não o bem que queremos, mas o mal que não queremos, nós te pedimos.
4) Das omissões que nos impedem de ajudar quem mais precisa, nós te pedimos.
5) Das ações que não correspondem à nossa vontade profunda nem à vontade de Deus, nós te pedimos.

Seguem-se preces espontâneas, em silêncio ou em voz alta, finalizadas com o refrão.

**6. Pedido da graça:**

*Animador(a)*: Rezemos juntos, colocando-nos confiantes diante de Deus, por intercessão de Santa Teresinha:

"Diante da Santíssima Trindade, agradeço ao Pai Misericordioso, ao Filho Redentor e ao Espírito Santo Consolador por todas as graças da vida de Santa Teresinha do Menino Jesus e da Santa Face, no decorrer de apenas 24 anos que passou na terra. E pela intercessão de tão querida santinha, concedei-me a graça que confiantemente vos peço [*fazer aqui o pedido desejado*], se assim for conforme a vossa Vontade e para o bem maior de minha vida (ou da pessoa por quem estou rezando).

Ajudai, Santa Teresinha, a aumentar a minha fé, a renovar minha esperança e a crescer na capacidade de amar, cumprindo mais uma vez vossa promessa de que ficareis no Céu a fazer o bem na Terra, permitindo que eu receba uma rosa ou uma flor em sinal de que alcançarei a graça pedida".

*Animador(a)*: Em sinal dos anos de vida de nossa querida Santinha, rezemos 24 vezes: Glória ao Pai, ao Filho e ao Espírito Santo, como era no princípio, agora e sempre. Amém.

**7. Orações finais e gesto concreto:**

*Animador(a)*: Santa Teresinha reconhece o amor de Deus no cotidiano de sua vida, nas pequenas coisas. Nesse sentido, seria interessante fazer um gesto concreto de amor:

1) Ao invés de arrancar uma flor da natureza, que tal plantar uma semente ou cultivar uma muda de uma das flores citadas nesta novena, e doá-la a alguma pessoa, depois do novenário?
2) Ou outro gesto concreto à escolha...
   Reza-se o pai-nosso e a ave-maria.
   Abraço de paz (*canto*) e despedida.

*Terceira noite*

# Noite das Margaridas

*Santa Teresinha,*
*ensina-nos a virtude*
*do bem-querer.*

**1. Abertura:**

*Animador(a) 1*: Nessa terceira noite da novena de Santa Teresinha, vamos recordar a sua alusão à "simplicidade encantadora da margarida". Segundo o próprio nome científico do tipo mais conhecido, a margarida ou bonina é uma flor de "beleza perene" (*Bellis perennis*). Mas existem outros tipos, como a margarida africana e a margarida camomila, esta última com propriedades medicinais. Em termos espirituais, as margaridas são associadas a várias propriedades, segundo as diferentes cores: pureza e inocência (branca), calma e serenidade (azul, mais rara), amor, afeto e juventude (amarela e rosa). Popularmente, a margarida é conhecida como flor do "bem-me-quer".

*Animador(a) 2*: Quem não conhece a brincadeira que se faz despetalando uma margarida, lembrando de alguém e alternando "bem-me-quer" e "malmequer"? Nessa noite, que possamos cultivar o bem-querer em nossas vidas, como uma pedagogia da arte de amar, a exemplo da querida doutora em amor. Rezemos, especialmente, pelas pessoas que amamos e também por aquelas que não amamos o bastante.

Santa Teresinha, exemplo da arte de bem-querer, rogai por nós!

**2. Hino em forma de cordel (Antonio Marinho):**

Ouve, Santa Teresinha
nossas preces fervorosas
manda uma chuva de bênçãos
contendo o cheiro das rosas
para que os nossos caminhos
apesar dos seus espinhos
sejam milagre de luz
seguindo firme e afável
tua fé inabalável
no amor do Cristo Jesus

Que sejamos margaridas
simplicidade é mister
mais forte do que a pergunta
se bem ou se malmequer
é a beleza perene
nada há que lhe envenene
lhe seque ou faça morrer
Cristo é a melhor receita
para uma safra perfeita
farta de seu bem-querer

A rosa é o seu presente
o lírio é a confiança
margarida é bem-querer
violeta é esperança
miosótis, amor dado
crisântemos são o cuidado
girassóis a direção
flor do cacto resistência
flor-do-campo persistência
Teresinha santa essência
flor que o céu plantou no chão.

### 3. Palavra de Deus segundo São Paulo (1Cor 13,1-13): *"Se eu não tiver amor, nada sou".*

Ainda que eu fale as línguas dos seres humanos e as dos anjos, se não tiver amor, sou um bronze que soa ou um címbalo retumbante. Ainda que eu tenha a profecia e conheça todos os mistérios e todo o conhecimento, ainda que eu tenha toda a fé capaz de remover montanhas, mas, se eu não tiver amor, nada sou. Ainda que eu reparta todos os meus bens e entregue meu corpo para que seja glorificado, se eu não tiver amor, de nada me serve. O amor é tolerante, é benévolo o amor. Não é invejoso, não se ostenta, não se infla de orgulho. Não se comporta de forma inconveniente, não busca seu próprio interesse, não se irrita, não leva em conta o mal. Não se alegra com a injustiça, mas se regozija com a verdade. Tudo suporta, tudo crê, tudo espera, tudo tolera. O amor jamais acabará. Mas as profecias serão abolidas;

as línguas cessarão; o conhecimento será eliminado. Porque conhecemos em parte e profetizamos em parte. Mas, quando vier a plenitude, o em parte será eliminado. Quando eu era criança, falava como criança, pensava como criança, raciocinava como criança, mas, quando me tornei homem, aboli as coisas de criança. Pois, agora, vemos por intermédio de um espelho de forma enigmática, mas, depois, face a face. Agora, conheço em parte, mas, depois, conhecerei como também fui conhecido. Agora, permanecem a fé, a esperança, o amor, esses três; mas o maior desses é o amor.

### 4. Palavras de Santa Teresinha: *o amor abraça todas as vocações.*

Como Madalena se inclinando sempre junto ao túmulo vazio acabou por encontrar o que desejava, também me abaixei até as profundezas do meu nada e elevei-me tão alto que consegui atingir minha meta... Sem desanimar, prossegui minha leitura e esta frase aliviou-me: "Procurai com ardor os dons mais perfeitos. Mas vou mostrar-vos ainda uma via mais excelente". E o apóstolo explica como os dons mais perfeitos não valem nada sem o Amor... [...] A caridade deu-me a chave da minha vocação. Compreendi que se a Igreja tem um corpo, composto de diversos membros, o mais necessário, o mais nobre de todos não lhe falta. Compreendi que a Igreja tem um coração e esse coração ardia de amor. [...] Compreendi que o Amor abrangia todas as vocações, que o Amor era tudo, que abrangia todos os tempos e todos os lugares...[1]

1. Id., *Obras completas de Santa Teresinha do Menino Jesus*, 189.

**Para meditar ou partilhar:**

Segundo o apóstolo Paulo, o amor é um caminho e um aprendizado: a gente não nasce paciente, mas pode tornar-se paciente por amor... Quais são os passos para aprender a amar?

(*Canto*)

## 5. Ramalhete de preces e súplicas:

*Animador(a)*: Como Santa Teresinha bem compreendeu, diante do amor incondicional de Deus, como seguidores de seu Filho Jesus, devemos aprender o bem-querer aos que nos amam e amar até os inimigos. O bem-querer não nasce espontaneamente, é um exercício espiritual, uma virtude a cultivar. Peçamos a graça do bem-querer, rezando e dizendo, depois de cada invocação:

*Refrão*: Santa Teresinha, rogai por nós que recorremos a vós.

1) Muitas vezes, o que impede o bem-querer é uma mágoa antiga, um ressentimento. Peçamos ao Senhor, por intercessão de nossa querida santinha, a cura de todo ressentimento guardado.
2) Algumas vezes, o malquerer nasce da falta de perdão. Peçamos ao Senhor, por intercessão de Santa Teresinha, a graça do perdão.
3) Outras vezes, o malquerer começa com a inveja do outro ou as invejas dos outros em relação a nós. Peçamos ao Senhor, por intercessão de Teresinha, a superação de qualquer inveja.
4) Pode acontecer que o ciúme cresça como malquerer e interfira em nossas relações de família, de amor e amizade. Peçamos ao Senhor, por intercessão de Santa Teresinha, que nos liberte e nos livre de qualquer tipo de ciúmes.

5) Independentemente do motivo ou causa, que possamos transformar o malquerer em bem-querer, com o auxílio e proteção de Santa Teresinha do Menino Jesus e da Santa Face.

Seguem-se preces espontâneas, em silêncio ou em voz alta, finalizadas com o refrão.

(*Canto*)

**6. Pedido da graça:**

*Animador(a)*: Rezemos juntos, colocando-nos confiantes diante de Deus, por intercessão de Santa Teresinha:

"Diante da Santíssima Trindade, agradeço ao Pai Misericordioso, ao Filho Redentor e ao Espírito Santo Consolador por todas as graças da vida de Santa Teresinha do Menino Jesus e da Santa Face, no decorrer de apenas 24 anos que passou na terra. E pela intercessão de tão querida santinha, concedei-me a graça que confiantemente vos peço [*fazer aqui o pedido desejado*], se assim for conforme a vossa Vontade e para o bem maior de minha vida (ou da pessoa por quem estou rezando).

Ajudai, Santa Teresinha, a aumentar a minha fé, a renovar minha esperança e a crescer na capacidade de amar, cumprindo mais uma vez vossa promessa de que ficareis no Céu a fazer o bem na Terra, permitindo que eu receba uma rosa ou uma flor em sinal de que alcançarei a graça pedida".

*Animador(a)*: Em sinal dos anos de vida de nossa querida Santinha, rezemos 24 vezes: Glória ao Pai, ao Filho e ao Espírito Santo, como era no princípio, agora e sempre. Amém.

## 7. Orações finais e gesto concreto:

*Animador(a)*: Santa Teresinha reconhece o amor de Deus no cotidiano de sua vida, nas pequenas coisas. Nesse sentido, seria interessante fazer um gesto concreto de amor:

1) Ao invés de arrancar uma flor da natureza, que tal plantar uma semente ou cultivar uma muda de uma das flores citadas nesta novena, e doá-la a alguma pessoa, depois do novenário?
2) Ou outro gesto concreto à escolha...

Reza-se o pai-nosso e a ave-maria.

Abraço de paz (*canto*) e despedida.

*Quarta noite*

# Noite das Violetas

*Santa Teresinha,*
*ensina-nos a renovar nossa*
*vida e perfumar o mundo.*

**1. Abertura:**

*Animador(a) 1*: Santa Teresinha encontrou em todas as flores um sinal da presença, da beleza e do cuidado de Deus para com a humanidade, não apenas nas rosas e nos lírios, mas também nas margaridas e nas "perfumadas violetas". Nessa quarta noite da novena, contemplemos as espécies de flores conhecidas como violeta e amor-perfeito.

*Animador(a) 2*: Entre os vários simbolismos, as violetas são associadas à modéstia, à lealdade e à espiritualidade em geral. Além disso, essas flores inspiram a busca de renovação interior, por sua propriedade de florescer em condições adversas, e também de irradiação, por conta de seu perfume. Peçamos a graça da renovação espiritual de nossas vidas para perfumar o mundo com a nossa presença e missão.

Santa Teresinha, padroeira das missões, rogai por nós!

**2. Hino em forma de cordel (Antonio Marinho):**

Ouve, Santa Teresinha
nossas preces fervorosas
manda uma chuva de bênçãos
contendo o cheiro das rosas
para que os nossos caminhos
apesar dos seus espinhos
sejam milagre de luz
seguindo firme e afável
tua fé inabalável
no amor do Cristo Jesus

Que saibamos ser descanso
para o voo de borboletas
de abelhas e passarinhos
como são as violetas
somente o amor profundo
pode perfumar o mundo
de uma fragrância sem fim
vinda do ressuscitado

que se faz solo sagrado
pra que sejamos jardim

A rosa é o seu presente
o lírio é a confiança
margarida é bem-querer
violeta é esperança
miosótis, amor dado
crisântemos são o cuidado
girassóis a direção
flor do cacto resistência
flor-do-campo persistência
Teresinha santa essência
flor que o céu plantou no chão.

### 3. Palavra de Deus segundo Mateus (28,16-20): *"Ide fazer discípulos de todas as nações"*.

Os onze discípulos foram para a Galileia, à montanha que Jesus lhes tinha indicado. Quando o viram, prostraram-se; alguns, porém, duvidaram. Jesus se aproximou e lhes falou assim: "Foi-me dada plena autoridade no céu e na terra. Ide, portanto, fazer discípulos de todas as nações, batizando-os em nome do Pai e do Filho e do Espírito Santo, ensinando-lhes a guardar tudo o que vos tenho ordenado! Eu estou convosco todos os dias, até o fim dos tempos".

## 4. Palavras de Santa Teresinha: *"atraindo-me, atraí as almas que amo"*.

Apesar da minha pequenez, desejaria iluminar as almas como os profetas, os doutores. Tenho a vocação de ser apóstolo. [...] Queria ser missionária, não só durante alguns anos, mas gostaria de sê-lo desde a criação do mundo e até o final dos séculos[1]. Certa manhã, durante minha ação de graças, Jesus deu-me um meio simples de cum-

1. Id., *Obras completas de Santa Teresinha do Menino Jesus*, 188.

prir minha missão. Fez-me compreender a seguinte palavra dos Cânticos [dos Cânticos]: "Atraí-me, corramos ao odor de vossos perfumes". Ó Jesus, nem é necessário dizer: atraindo-me, atraí as almas que amo. Esta simples palavra "Atraí-me" basta. Compreendo-o, Senhor, quando uma alma se deixou cativar pelo odor inebriante dos vossos perfumes, não lograria mais correr sozinha. Todas as almas que ela ama são arrastadas em seu seguimento. [...] O amor atrai o amor, por isso, meu Jesus, o meu se lança para vós, queria encher o abismo que o atrai, mas ai! não é sequer uma gota de orvalho perdida no oceano!... Para amar-vos como me amais, preciso tomar de empréstimo o vosso próprio amor, só então consigo o repouso[2].

2. Ibid., 230-231.

**Para meditar ou partilhar:**

Cada pessoa tem uma missão na vida; na Igreja, todos somos discípulos e discípulas de Jesus. Qual a minha maior missão? O que eu poderia ainda fazer para o bem das pessoas necessitadas?

(*Canto*)

**5. Ramalhete de preces e súplicas:**

*Animador(a)*: Rezemos espontaneamente, dizendo depois de cada invocação:

*Refrão*: Santa Teresinha, rogai por nós que recorremos a vós.

1) Pelas pessoas que estão em missões de fronteiras, em nome da fé, rezemos ao Senhor.
2) Pelas pessoas que dedicam sua vida em instituições sociais, rezemos ao Senhor.

3) Pelas pessoas que trabalham na missão educativa, rezemos ao Senhor.
4) Pelas pessoas que trabalham para cuidar da saúde dos outros, rezemos ao Senhor.
5) Pelas pessoas que trabalham nas associações, igrejas e comunidades, rezemos ao Senhor.
6) Pelas pessoas que fazem de seu trabalho uma verdadeira missão, rezemos ao Senhor.

Seguem-se preces espontâneas, em silêncio ou em voz alta, finalizadas com o refrão.

**6. Pedido da graça:**

*Animador(a)*: Rezemos juntos, colocando-nos confiantes diante de Deus, por intercessão de Santa Teresinha:

"Diante da Santíssima Trindade, agradeço ao Pai Misericordioso, ao Filho Redentor e ao Espírito Santo Consolador por todas as graças da vida de Santa Teresinha do Menino Jesus e da

Santa Face, no decorrer de apenas 24 anos que passou na terra. E pela intercessão de tão querida santinha, concedei-me a graça que confiantemente vos peço [*fazer aqui o pedido desejado*], se assim for conforme a vossa Vontade e para o bem maior de minha vida (ou da pessoa por quem estou rezando).

Ajudai, Santa Teresinha, a aumentar a minha fé, a renovar minha esperança e a crescer na capacidade de amar, cumprindo mais uma vez vossa promessa de que ficareis no Céu a fazer o bem na Terra, permitindo que eu receba uma rosa ou uma flor em sinal de que alcançarei a graça pedida".

*Animador(a)*: Em sinal dos anos de vida de nossa querida Santinha, rezemos 24 vezes: Glória ao Pai, ao Filho e ao Espírito Santo, como era no princípio, agora e sempre. Amém.

**7. Orações finais e gesto concreto:**

*Animador(a)*: Santa Teresinha reconhece o amor de Deus no cotidiano de sua vida, nas pequenas coisas. Nesse sentido, seria interessante fazer um gesto concreto de amor:

1) Ao invés de arrancar uma flor da natureza, que tal plantar uma semente ou cultivar uma muda de uma das flores citadas nesta novena, e doá-la a alguma pessoa, depois do novenário?
2) Ou outro gesto concreto à escolha...
Reza-se o pai-nosso e a ave-maria.
Abraço de paz (*canto*) e despedida.

*Quinta noite*

# Noite dos Miosótis

*Santa Teresinha,*
*ensina-nos a amar*
*como Jesus amou...*

**1. Abertura:**

*Animador(a) 1*: Santa Teresinha, em sua vida simples e singela, ensinou-nos a rezar a partir da Palavra de Deus contida nas Escrituras, da contemplação do livro da natureza e da oração atenta às preocupações da vida cotidiana. Como dizia a nossa santinha:

> Eu fazia todos os dias um grande número de sacrifícios e atos de amor, que se transformaram em outras tantas flores: ora em violetas, ora em rosas; e também em boninas, margaridas e miosótis; numa palavra, todas as flores da natureza deviam formar em mim o berço de Jesus[1].

*Animador(a) 2*: Nessa quinta noite da novena das flores, vamos contemplar o amor de Deus na

---

1. Id., *História de uma alma*, 52.

flor miosótis, citada por Santa Teresinha. Mas quem já viu esse tipo de flor? Ela é também conhecida com o nome popular "não-me-esqueças" e apresenta mais de 50 variedades. Entre os simbolismos dessas flores, destacamos a recordação, a fidelidade, a fraternidade, enfim, a amizade e o amor. Diante do amor fiel de Deus pela humanidade, recordemos a proposta cristã de uma fraternidade universal, bem como o amor e a amizade como sinais de Deus em nossa vida.

Santa Teresinha, doutora na ciência do amor, rogai por nós!

**2. Hino em forma de cordel (Antonio Marinho):**

Ouve, Santa Teresinha
nossas preces fervorosas
manda uma chuva de bênçãos
contendo o cheiro das rosas
para que os nossos caminhos
apesar dos seus espinhos

sejam milagre de luz
seguindo firme e afável
tua fé inabalável
no amor do Cristo Jesus

Para sermos miosótis
que conosco permaneças
lembrando sempre que um dia
Cristo pediu: não-me-esqueças
sejamos os seus sinais
as mudas dos vegetais
que ele mesmo semeou
e seremos se plantarmos
nós em nós pra nos amarmos
como Jesus nos amou

A rosa é o seu presente
o lírio é a confiança
margarida é bem-querer
violeta é esperança
miosótis, amor dado
crisântemos são o cuidado

girassóis a direção
flor do cacto resistência
flor-do-campo persistência
Teresinha santa essência
flor que o céu plantou no chão.

**3. Palavra de Deus segundo São João (15,7-17):**
***"Ninguém tem maior amor do que aquele que dá sua vida em favor dos amigos".***

"Se permanecerdes em mim e minhas palavras permanecerem em vós, pedireis o que quiserdes, e assim será para vós. Nisto meu Pai é glorificado: que deis muito fruto e vos torneis meus discípulos. Assim como o Pai me amou, também eu vos amei. Permanecei em meu amor! Se guardardes meus mandamentos, permanecereis em meu amor, assim como eu guardo os mandamentos de meu Pai e permaneço em seu amor. Digo-vos essas coisas para que minha alegria esteja em vós e vossa alegria seja completa. Este é meu mandamento: que vos ameis uns aos outros como eu vos amei. Ninguém tem maior amor do que aquele que dá sua vida em favor dos amigos. Vós sois meus amigos se fizerdes o que vos ordeno. Já não vos chamo servos, porque o servo não sabe o que faz seu senhor, mas vos chamo amigos, porque tudo que ouvi de meu Pai vos dei a conhecer. Não fostes vós que me escolhestes, mas fui eu que vos escolhi e vos designei para que vades e produzais fruto e vosso fruto permaneça, para que, o que pedirdes ao Pai em meu nome, ele vos dê. Isto vos ordeno: que vos ameis uns aos outros."

## 4. Palavras de Santa Teresinha: *amar como Jesus amou.*

Deus deu-me a graça de compreender o que é a caridade. Antes é verdade que eu o compreendia, mas de maneira imperfeita, não tinha aprofundado esta palavra de Jesus: "O segundo [mandamento] é semelhante a este: 'Amarás o teu próximo como a ti mesmo'". Dedicava-me, sobretudo, a amar a Deus e foi amando-o que compreendi que não devia deixar meu amor traduzir-se apenas em palavras, pois: "Nem todos os que dizem: 'Senhor, Senhor' entrarão no reino dos céus, mas os que fazem a vontade do meu Pai que está nos céus". [...] Quando o Senhor [Deus] ordenou a seu povo que amasse o próximo como a si mesmo, não tinha ainda vindo à terra. Por isso, sabendo até que grau a pessoa ama a si mesmo, não podia pedir às suas criaturas amor maior para com o próximo. Mas quando Jesus deu a seus discípulos um mandamento novo, o seu mandamento, como diz adiante, não é mais amar o próximo como a si mesmo que ele ordena, mas amá-lo como ele, Jesus o amou, como o amará até o final dos séculos[2].

**Para meditar ou partilhar:**

Quais os maiores amores de minha vida?

Valorizo e cultivo as minhas amizades?

(*Canto*)

## 5. Ramalhete de preces e súplicas:

*Animador(a)*: Rezemos espontaneamente, dizendo depois de cada invocação:

*Refrão*: Santa Teresinha, rogai por nós que recorremos a vós.

2. Id., *Obras completas de Santa Teresinha do Menino Jesus*, 210-211.

1) O amor de Deus pela humanidade é a prova de sua fidelidade ao longo da história da salvação, de Abraão, pai da fé, até nossos dias. Para que cultivemos a confiança nesse amor incondicional também em nossa vida, rezemos.
2) Conforme o primeiro grande mandamento, amar a Deus está acima de todas as coisas. Que a experiência desse amor primeiro nos fortaleça na fé, na esperança e no amor.
3) O segundo maior mandamento é semelhante ao primeiro: amar ao próximo como a si mesmo. Por intercessão de Santa Teresinha, peçamos a graça de aprender a amar as pessoas como irmãos e irmãs, ajudando a construir a fraternidade universal.
4) Segundo São João, quem diz amar a Deus, a quem não vê, e não ama o irmão, a quem vê, é mentiroso. Peçamos, por intercessão de Santa Teresinha, alcançarmos a graça de amar de verdade: por isso, rezemos ao Senhor.

5) Sabemos que o amor se mostra mais em obras que em palavras. Pela intercessão de Santa Teresinha, peçamos a graça de manifestar nosso amor pelas pessoas não só com palavras, mas também com ações concretas, rezemos.
6) Rezemos pelas pessoas que não amamos, independentemente do motivo, para que, pela intercessão de Santa Teresinha, alcancemos a graça do perdão, rezemos ao Senhor.

Seguem-se preces espontâneas, em silêncio ou em voz alta, finalizadas com o refrão.

**6. Pedido da graça:**

*Animador(a)*: Rezemos juntos, colocando-nos confiantes diante de Deus, por intercessão de Santa Teresinha:

"Diante da Santíssima Trindade, agradeço ao Pai Misericordioso, ao Filho Redentor e ao Espírito Santo Consolador por todas as graças da vida de Santa Teresinha do Menino Jesus e da Santa Face, no decorrer de apenas 24 anos que passou na Terra. E pela intercessão de tão querida santinha, concedei-me a graça que confiantemente vos peço [*fazer aqui o pedido desejado*], se assim for conforme a vossa Vontade e para o bem maior de minha vida (ou da pessoa por quem estou rezando).

Ajudai, Santa Teresinha, a aumentar a minha fé, a renovar minha esperança e a crescer na capacidade de amar, cumprindo mais uma vez vossa promessa de que ficareis no Céu a fazer o bem na Terra, permitindo que eu receba uma rosa ou uma flor em sinal de que alcançarei a graça pedida".

*Animador(a)*: Em sinal dos anos de vida de nossa querida Santinha, rezemos 24 vezes: Glória ao Pai, ao Filho e ao Espírito Santo, como era no princípio, agora e sempre. Amém.

### 7. Orações finais e gesto concreto:

*Animador(a)*: Santa Teresinha reconhece o amor de Deus no cotidiano de sua vida, nas pequenas coisas. Nesse sentido, seria interessante fazer um gesto concreto de amor:

1) Ao invés de arrancar uma flor da natureza, que tal plantar uma semente ou cultivar uma muda de uma das flores citadas nesta novena, e doá-la a alguma pessoa, depois do novenário?
2) Ou outro gesto concreto à escolha...

Reza-se o pai-nosso e a ave-maria.

Abraço de paz (*canto*) e despedida.

*Sexta noite*

# Noite dos Crisântemos

*Santa Teresinha,*
*ensina-nos a*
*cuidar da saúde.*

**1. Abertura:**

*Animador(a) 1*: Apesar de citar o nome de algumas flores como exemplo, Santa Teresinha nos ensina a descobrir, no livro da natureza, outras tantas. Considerando que os crisântemos estão entre as dez flores mais conhecidas no mundo, com mais de cem espécies e cerca de oitocentas variedades, poderíamos nos inspirar neles para rezarmos na noite de hoje. Originalmente, o crisântemo era amarelo e, por isso, foi batizado "flor de ouro". Cultivado primeiro na China, depois no Japão, o crisântemo chegou na Europa apenas no século XVII, onde sofreu várias alterações genéticas, assumindo formas e cores variáveis. Hoje existem nas mais diversas regiões do mundo.

*Animador(a) 2*: Ao crisântemo foram atribuídos vários significados: felicidade e vida plena, sobretudo na Ásia; na Europa, ele está associado à morte, inclusive é utilizado nos velórios;

o crisântemo branco simboliza verdade e sinceridade; no Brasil, essas flores representam tanto a vida como a morte. Enfim, suas pétalas podem ser usadas em saladas, suas folhas servem para fazer uma bebida, mas destacamos, sobretudo, que os crisântemos fazem parte das plantas medicinais.

Santa Teresinha, solidária com os que buscam a saúde física e espiritual, rogai por nós!

**2. Hino em forma de cordel (Antonio Marinho):**

Ouve, Santa Teresinha
nossas preces fervorosas
manda uma chuva de bênçãos
contendo o cheiro das rosas
para que os nossos caminhos
apesar dos seus espinhos
sejam milagre de luz
seguindo firme e afável
tua fé inabalável
no amor do Cristo Jesus

Se Deus é nossa riqueza
se Cristo é nosso tesouro
que os crisântemos ensinem
para sermos flor de ouro
que no seu brilho amarelo
cada um se torne um elo
e a corrente se ajude
com coragem e com ternura
transformando a fé na cura
no bem da nossa saúde

A rosa é o seu presente
o lírio é a confiança
margarida é bem-querer
violeta é esperança
miosótis, amor dado
crisântemos são o cuidado
girassóis a direção
flor do cacto resistência
flor-do-campo persistência
Teresinha santa essência
flor que o céu plantou no chão.

### 3. Palavra de Deus segundo São Lucas (8,40-56):

*A fé que cura e salva.*

Quando Jesus regressou, a multidão deu-lhe as boas-vindas, pois todos o estavam esperando. Chegou, então, um homem chamado Jairo, chefe da sinagoga, e, caindo aos pés de Jesus, rogava-lhe que fosse à sua casa, porque sua filha única, de aproximadamente doze anos, estava morrendo. Enquanto ele avançava, a multidão o sufocava. Uma mulher que tinha um fluxo de sangue havia doze anos, e que despendera tudo o que tinha para seu sustento com médicos, sem que nenhum pudesse curá-la, aproximou-se por trás e tocou a orla do manto dele; no mesmo instante, o fluxo de sangue dela parou. Jesus perguntou: "Quem é que me tocou?". Enquanto todos negavam, Pedro disse: "Senhor, a multidão te comprime e aperta". Mas Jesus disse:

"Alguém me tocou, pois percebi que um poder saiu de mim". A mulher, vendo que não tinha passado despercebida, veio tremendo e, inclinando-se diante dele, explicou diante de todo o povo por que razão o tinha tocado e como tinha sido curada no mesmo instante. Ele lhe disse: "Filha, tua fé te salvou. Vai em paz!". Enquanto estava falando, chegou alguém da casa do chefe da sinagoga, dizendo: "Tua filha morreu. Não incomodes mais o Mestre!". Tendo ouvido isso, Jesus disse-lhe: "Não temas! Somente crê! E ela será salva". Quando chegou à casa, não permitiu que ninguém entrasse com ele senão Pedro, João, Tiago e o pai e a mãe da criança. Todos choravam e lamentavam-se por ela. Mas ele disse: "Não choreis! Ela não morreu, mas dorme". E zombavam dele, pois sabiam que ela estava morta. Mas ele, tendo segurado a mão, chamou: "Criança, levanta-te!". Então o espírito dela voltou, e, no mesmo instante, pôs-se em pé. Ele recomendou que fosse dado de comer a ela. Seus pais ficaram extasiados, mas Jesus lhes mandou não contarem a ninguém o acontecido.

### 4. Palavras de Santa Teresinha: *a graça do amor, na saúde ou na doença.*

Agora aceito ficar doente a vida toda se isso for do agrado de Deus e consinto, até, que minha vida seja muito longa. A única graça que desejo é que ela seja rematada pelo amor. Oh! Não! Não receio uma vida longa, não recuso a luta, pois o Senhor é a rocha na qual estou erguida. Nunca pedi a Deus para morrer jovem, mas é verdade que sempre esperei que esta seja a vontade dele. Muitas vezes, o Senhor contenta-se com o desejo de trabalhar para a sua glória e, sabeis, Madre [Maria de Gonzaga], que meus desejos são grandes. Sabeis também que Jesus me ofereceu mais de um cálice amargo, que afastou dos meus lábios antes que eu o bebesse, porém não sem me fazer provar seu amargor[1].

**Para meditar ou partilhar:**
Que situações de adoecimento eu gostaria de lembrar nessa oração? Como estou cuidando da minha saúde física e espiritual?
(*Canto*)

**5. Ramalhete de preces e súplicas:**

*Animador(a)*: Rezemos espontaneamente, dizendo depois de cada invocação:

1. Id., *Obras completas de Santa Teresinha do Menino Jesus*, 207.

*Refrão*: Santa Teresinha, rogai por nós que recorremos a vós.

1) Pelas pessoas que lutam contra o câncer ou outro tipo de doença grave, rezemos ao Senhor.
2) Pelas pessoas que sofrem nos hospitais ou em casa com algum tipo de enfermidade, rezemos ao Senhor.
3) Pelas pessoas que trabalham pela saúde dos outros ou cuidam de algum enfermo, rezemos ao Senhor.
4) Pelas pessoas doentes que não têm condições de cuidar da saúde, rezemos ao Senhor.
5) Pelas pessoas, sobretudo as mães, que cuidam de filhos a vida toda, rezemos ao Senhor.
6) Pelas pessoas que sofrem com a doença do alcoolismo ou dependência de outras drogas, rezemos ao Senhor.

Seguem-se preces espontâneas, em silêncio ou em voz alta, finalizadas com o refrão.

**6. Pedido da graça:**

*Animador(a)*: Rezemos juntos, colocando-nos confiantes diante de Deus, por intercessão de Santa Teresinha:

"Diante da Santíssima Trindade, agradeço ao Pai Misericordioso, ao Filho Redentor e ao Espírito Santo Consolador por todas as graças da vida de Santa Teresinha do Menino Jesus e da Santa Face, no decorrer de apenas 24 anos que passou na Terra. E pela intercessão de tão querida santinha, concedei-me a graça que confiantemente vos peço [*fazer aqui o pedido desejado*], se assim for conforme a vossa Vontade e para o bem maior de minha vida (ou da pessoa por quem estou rezando).

Ajudai, Santa Teresinha, a aumentar a minha fé, a renovar minha esperança e a crescer na capacidade de amar, cumprindo mais uma vez vossa promessa de que ficareis no Céu a fazer o bem na Terra, permitindo que eu receba uma rosa ou uma flor em sinal de que alcançarei a graça pedida".

*Animador(a)*: Em sinal dos anos de vida de nossa querida Santinha, rezemos 24 vezes: Glória ao Pai, ao Filho e ao Espírito Santo, como era no princípio, agora e sempre. Amém.

**7. Orações finais e gesto concreto:**

*Animador(a)*: Santa Teresinha reconhece o amor de Deus no cotidiano de sua vida, nas pequenas coisas. Nesse sentido, seria interessante fazer um gesto concreto de amor:

1) Ao invés de arrancar uma flor da natureza, que tal plantar uma semente ou cultivar uma muda de uma das flores citadas nesta novena, e doá-la a alguma pessoa, depois do novenário?
2) Ou outro gesto concreto à escolha...

Reza-se o pai-nosso e a ave-maria.

Abraço de paz (*canto*) e despedida.

*Sétima noite*

# Noite dos Girassóis

*Santa Teresinha,*
*mostra-nos a direção*
*dos caminhos de Deus...*

## 1. Abertura

*Animador(a) 1*: Santa Teresinha, embora tenha sofrido muitas situações difíceis e tenha vivido apenas 24 anos, atestou uma felicidade simples e, sobretudo, uma grande força de superação das dificuldades e dos sofrimentos, um testemunho de grande amor a Deus. Ela sabia encontrar a felicidade na oração e, segundo seus escritos, em muitas passagens bíblicas e nas situações da vida, própria ou de outras pessoas.

*Animador(a) 2*: Nessa sétima noite da novena das flores, vamos rezar inspirados no girassol, uma flor que chamaria muito a atenção de nossa santinha. Suas propriedades podem sugerir muitos significados, mas, segundo a sabedoria popular, a flor do sol, o girassol, significa felicidade. Inspirados em Santa Teresinha, podemos dizer que a verdadeira felicidade é girar em torno de Deus, sol que ilumina nossa existência. E, aprendendo com essa flor que vai mudando de direção de acordo com o sol, peçamos a graça da conversão que traz felicidade.

Santa Teresinha, exemplo de felicidade para além dos sofrimentos, rogai por nós!

**2. Hino em forma de cordel (Antonio Marinho):**

Ouve, Santa Teresinha
nossas preces fervorosas
manda uma chuva de bênçãos
contendo o cheiro das rosas
para que os nossos caminhos
apesar dos seus espinhos
sejam milagre de luz
seguindo firme e afável
tua fé inabalável
no amor do Cristo Jesus

Em ti Cristo é luz das luzes
é farol para os faróis

que procuremos o brilho
assim como os girassóis
buscando de forma ardente
este facho incandescente
que encantou os macabeus
na direção desta luz
mora a estrada de Jesus
vive o caminho pra Deus

A rosa é o seu presente
o lírio é a confiança
margarida é bem-querer
violeta é esperança
miosótis, amor dado
crisântemos são o cuidado
girassóis a direção
flor do cacto resistência
flor-do-campo persistência
Teresinha santa essência
flor que o céu plantou no chão.

### 3. Palavra de Deus segundo Lucas (6,20-26): *Bem-aventuranças e lamentos.*

Jesus, levantando seu olhar para seus discípulos, disse: “Bem-aventurados os pobres, porque vosso é o Reino de Deus. Bem-aventurados os que agora têm fome, porque sereis saciados. Bem-aventurados os que agora choram, porque havereis de rir. Bem-aventurados sois quando os homens vos odiarem, quando vos marginalizarem, insultarem e vos difamarem por causa do Filho do Homem. Exultai naquele dia; pulai de alegria, porque vossa recompensa é grande no céu! Do mesmo modo seus pais trataram os profetas. Mas ai de vós os ricos, porque já recebestes vossa consolação! Ai de vós os que agora estais saciados, porque passareis fome! Ai daqueles que agora estão rindo, porque lamentareis e chorareis! Ai quando todos falarem bem de vós! Do mesmo modo seus pais trataram os falsos profetas".

### 4. Palavras de Santa Teresinha: Poema *Porque eu te amo, Maria.*

Quisera cantar, Maria, porque te amo
Porque, ao teu nome, exulta o meu coração
E porque, ao pensar em tua glória suprema,
Minh'alma não sente temor algum
Se eu viesse a contemplar o teu fulgor sublime
Que supera de muito o dos anjos e santos,
Não poderia crer que sou tua filha
E, então, diante de ti, baixaria meus olhos.
Para que um filho possa amar sua mãe.
Que ela chore com ele partilhe suas dores...
Pois tu, querida Mãe, nestas plagas de exílio,
Quanto pranto verteste a fim de conquistar-me!
Ao meditar tua vida escrita no Evangelho,
Ouso te contemplar e me acercar de ti;

Nada me custa crer que sou um de teus filhos,
Pois te vejo mortal e, como eu, sofredora[1].

**Para meditar ou partilhar:**

Maria é bem-aventurada e feliz porque acreditou em Deus, bendita entre as mulheres, apesar dos sofrimentos. Que motivos me trazem mais felicidade? Quais os momentos mais felizes de minha vida?

(*Canto*)

## 5. Ramalhete de preces e súplicas:

*Animador(a)*: Rezemos espontaneamente, pelos bem-aventurados de Deus, dizendo depois de cada invocação:

---

1. Id., *Obras completas de Santa Teresinha do Menino Jesus*, 632.

*Refrão*: Santa Teresinha, rogai por nós que recorremos a vós.

1) Pelos pobres e empobrecidos, para que consigam superar as dificuldades da vida, rezemos ao Senhor...
2) Pelo fim da fome no mundo, para que os governos e detentores das riquezas busquem a solução, rezemos ao Senhor...
3) Pelos que passam fome neste momento, para que sejam saciados graças à solidariedade de outros, rezemos ao Senhor...
4) Pelos que choram por motivos diversos, para que encontrem em nós o consolo e não percam o sentido de viver, rezemos ao Senhor...
5) Pelas pessoas que são perseguidas por buscarem melhores condições de vida para todos, rezemos ao Senhor...
6) Pelas pessoas marginalizadas, independente do motivo, para que possam ter um tratamento justo e digno, rezemos ao Senhor...

7) Pelas pessoas injustiçadas, para que encontrem, cedo ou tarde, a justiça que merecem, rezemos ao Senhor...

Seguem-se preces espontâneas, em silêncio ou em voz alta, finalizadas com o refrão.

**6. Pedido da graça:**

*Animador(a)*: Rezemos juntos, colocando-nos confiantes diante de Deus, por intercessão de Santa Teresinha:

"Diante da Santíssima Trindade, agradeço ao Pai Misericordioso, ao Filho Redentor e ao Espírito Santo Consolador por todas as graças da vida de Santa Teresinha do Menino Jesus e da Santa Face, no decorrer de apenas 24 anos que passou na Terra. E pela intercessão de tão querida santinha, concedei-me a graça que confiantemente vos peço [*fazer aqui o pedido desejado*], se assim for conforme a vossa Vontade e para o bem maior de minha vida (ou da pessoa por quem estou rezando).

Ajudai, Santa Teresinha, a aumentar a minha fé, a renovar minha esperança e a crescer na capacidade de amar, cumprindo mais uma vez vossa promessa de que ficareis no Céu a fazer o bem na Terra, permitindo que eu receba uma rosa ou uma flor em sinal de que alcançarei a graça pedida".

*Animador(a)*: Em sinal dos anos de vida de nossa querida Santinha, rezemos 24 vezes: Glória ao Pai, ao Filho e ao Espírito Santo, como era no princípio, agora e sempre. Amém.

**7. Orações finais e gesto concreto:**

*Animador(a):* Santa Teresinha reconhece o amor de Deus no cotidiano de sua vida, nas pequenas coisas. Nesse sentido, seria interessante fazer um gesto concreto de amor:

1) Ao invés de arrancar uma flor da natureza, que tal plantar uma semente ou cultivar uma muda de uma das flores citadas nesta novena, e doá-la a alguma pessoa, depois do novenário?
2) Ou outro gesto concreto à escolha...

Reza-se o pai-nosso e a ave-maria.

Abraço de paz (*canto*) e despedida.

*Oitava noite*

# Noite da Flor de cacto

*Santa Teresinha,*
*ensina-nos a resistir*
*às adversidades...*

## 1. Abertura

*Animador(a) 1*: Santa Teresinha provavelmente não conheceu nenhuma flor de cacto. Mas, com a sensibilidade que tinha para apreciar, no livro da natureza, a diversificada beleza da criação e, espelhada nesta, a beleza da humanidade, certamente ficaria maravilhada com a diversidade das flores de cactos de nosso imenso Brasil.

*Animador(a) 2*: A flor de cacto é de uma beleza singular, um verdadeiro espetáculo da natureza, porque conjuga cores fortes, delicadeza exótica e resistência a condições extremas, como são aquelas dos ambientes semiáridos. Graças à sua capacidade de armazenar água, a flor de cacto resiste aos períodos de seca. Assim sendo, torna-se um belo símbolo da beleza resiliente de nosso povo simples e do caminho de santidade trilhado pela nossa santinha, que buscou seguir Jesus do nascimento à cruz, como ela incorporou em sua vida e até em seu próprio nome.

Santa Teresinha do Menino Jesus e da Santa Face, rogai por nós e pelos que sofrem!

Canto: "Só mandacaru resistiu a tanta dor..."

**2. Hino em forma de cordel (Antonio Marinho):**

Ouve, Santa Teresinha
nossas preces fervorosas
manda uma chuva de bênçãos
contendo o cheiro das rosas
para que os nossos caminhos
apesar dos seus espinhos
sejam milagre de luz
seguindo firme e afável
tua fé inabalável
no amor do Cristo Jesus

Tu és o solo onde a fé
apesar de tudo vinga

como nasce a flor do cacto
na seca da caatinga
é na adversidade
que Deus nos diz que em verdade
não podemos desistir
basta o céu ficar nublado
que o milagre é operado
Cristo ensina a resistir

A rosa é o seu presente
o lírio é a confiança
margarida é bem-querer
violeta é esperança
miosótis, amor dado
crisântemos são o cuidado
girassóis a direção
flor do cacto resistência
flor-do-campo persistência
Teresinha santa essência
flor que o céu plantou no chão.

### 3. Palavra de Deus segundo João (20,11-28):
*O Ressuscitado parece um jardineiro.*

Maria, porém, ficou ali, em frente ao sepulcro, do lado de fora, chorando. Enquanto chorava, inclinou-se para o sepulcro e viu dois anjos em vestes brancas, sentados no lugar onde tinha sido colocado o corpo de Jesus: um à cabeceira e outro aos pés. Eles lhe disseram: "Mulher, por que choras?". Disse-lhes: "Porque levaram meu Senhor e não sei onde o puseram". Tendo dito isso, virou-se para trás e viu Jesus ali, em pé, mas não reconheceu que era Jesus. Disse-lhe Jesus: "Mulher, por que choras? A quem buscas?". Ela pensou que fosse o jardineiro e disse-lhe: "Senhor, se tu o levaste, dize-me onde o puseste, e irei pegá-lo!". Disse-lhe Jesus: "Maria". Ela, tendo-se voltado, disse-lhe em hebraico: "Rabúni", que quer dizer: Mestre.

Disse-lhe Jesus: "Não me detenhas, pois ainda não subi ao Pai. Vai, porém, a meus irmãos e dize-lhes: 'Subo a meu Pai e vosso Pai, meu Deus e vosso Deus!'". Maria de Mágdala foi anunciar aos discípulos: "Vi o Senhor" e as coisas que ele lhe dissera.

### 4. Palavras de Santa Teresinha: Poema *Jogar flores*.

Jesus, único Amor, ao pé do teu Calvário
Que prazer para mim, à noite, jogar flores!...
Rosas primaveris por ti despetalando,
Quisera enxugar teu pranto.

Atirar flores é ofertar as primícias
De pequenos gemidos e de grandes dores,
Alegrias e penas, leves sacrifícios,
Estas são minhas flores!...

Com a alma enamorada de tua beleza,
Quero dar-te, Senhor, meus perfumes e flores,

E, atirando-as por ti, sobre as asas a brisa
Quero abrasar os corações!...

Jogar flores, Jesus, eis aí minhas armas
Quando quero lutar para salvar pecadores;
Nesta batalha venço... e sempre te desarmo
Com minhas flores!...

As pétalas da flor, acariciando tua face,
Vão dizendo que é teu este meu coração.
Compreendes o que diz minha rosa esfolhada
Sorrindo ao meu amor.

Jogar Flores, repetindo teus louvores,
Só tenho este prazer neste vale de dores...
Daqui a pouco, no céu, estarei com os teus anjos
Jogando flores!...[1]

---

1. Id., *Obras completas de Santa Teresinha do Menino Jesus*, 610.

**Para meditar ou partilhar:**

Diante do Cristo crucificado, que Santa Teresinha carrega nos seus braços com rosas e espinhos, quais os sofrimentos que eu gostaria de colocar nas mãos de Deus?

(*Canto*)

**5. Ramalhete de preces e súplicas:**

*Animador(a)*: Rezemos espontaneamente, dizendo depois de cada invocação:

*Refrão*: Santa Teresinha, rogai por nós que recorremos a vós.

1) Pelas pessoas que sofrem com os conflitos e guerras, rezemos ao Senhor.
2) Pelas famílias de migrantes, refugiados e exilados, rezemos ao Senhor.

3) Pelas pessoas que vivem nas prisões e por seus familiares, rezemos ao Senhor.
4) Pelas vítimas da violência urbana ou doméstica, rezemos ao Senhor.
5) Pelas famílias que vivem os efeitos da pobreza e do descaso dos governos e da sociedade, rezemos ao Senhor.
6) Pelas pessoas que sofreram abandono e marginalização, rezemos ao Senhor.
7) Pelas vítimas de qualquer tipo de preconceito, rezemos ao Senhor.
8) Pelas pessoas que sofrem com o desemprego, subemprego e baixa renda, rezemos ao Senhor.

Seguem-se preces espontâneas, em silêncio ou em voz alta, finalizadas com o refrão.

**6. Pedido da graça:**

*Animador(a)*: Rezemos juntos, colocando-nos confiantes diante de Deus, por intercessão de Santa Teresinha:

"Diante da Santíssima Trindade, agradeço ao Pai Misericordioso, ao Filho Redentor e ao Espírito Santo Consolador por todas as graças da vida de Santa Teresinha do Menino Jesus e da Santa Face, no decorrer de apenas 24 anos que passou na Terra. E pela intercessão de tão querida santinha, concedei-me a graça que confiantemente vos peço [*fazer aqui o pedido desejado*], se assim for conforme a vossa Vontade e para o bem maior de minha vida (ou da pessoa por quem estou rezando).

Ajudai, Santa Teresinha, a aumentar a minha fé, a renovar minha esperança e a crescer na capacidade de amar, cumprindo mais uma vez vossa promessa de que ficareis no Céu a fazer o bem na Terra, permitindo que eu receba uma rosa ou uma flor em sinal de que alcançarei a graça pedida".

*Animador(a)*: Em sinal dos anos de vida de nossa querida Santinha, rezemos 24 vezes: Glória ao Pai, ao Filho e ao Espírito Santo, como era no princípio, agora e sempre. Amém.

**7. Orações finais e gesto concreto:**

*Animador(a)*: Santa Teresinha reconhece o amor de Deus no cotidiano de sua vida, nas pequenas coisas. Nesse sentido, seria interessante fazer um gesto concreto de amor:

1) Ao invés de arrancar uma flor da natureza, que tal plantar uma semente ou cultivar uma muda de uma das flores citadas nesta novena, e doá-la a alguma pessoa, depois do novenário?
2) Ou outro gesto concreto à escolha...
   Reza-se o pai-nosso e a ave-maria.
   Abraço de paz (*canto*) e despedida.

*Nona noite*

# Noite da Flor-do-campo

*Santa Teresinha,*
*ensina-nos a valorizar*
*as pequenas coisas.*

**1. Abertura:**

*Animador(a) 1*: A santinha da "chuva de rosas", em seus escritos, fala de muitas outras flores, das belas rosas às pequenas margaridas; mas ela mesma identifica-se como a florzinha, a pequena flor-do-campo, ou como qualquer flor silvestre, que nasce em qualquer lugar e faz perceber a grandeza de Deus. As flores-do-campo são aquelas que crescem sem ajuda humana e brotam em todo canto: nos bosques e florestas, prados e campinas, montanhas e desertos, praias e sertões.

*Animador(a) 2*: O maior encanto da flor-do-campo está, precisamente, na simplicidade, leveza e vulnerabilidade. Graças ao seu aspecto rústico e à facilidade de brotar, elas são bem presentes em diferentes climas e regiões do mundo. Além disso, muitas flores-do-campo atraem polinizadores como abelhas e borboletas. Peçamos, pois, nesta última noite da novena, a graça de aprender a valorizar a beleza das pequenas coisas: Santa Teresinha, rogai por nós!

**2. Hino em forma de cordel (Antonio Marinho):**

Ouve, Santa Teresinha
nossas preces fervorosas
manda uma chuva de bênçãos
contendo o cheiro das rosas
para que os nossos caminhos
apesar dos seus espinhos
sejam milagre de luz
seguindo firme e afável
tua fé inabalável
no amor do Cristo Jesus

Como vive a flor-do-campo
vivamos nossa novena
porque Deus botou grandeza
também na coisa pequena
como o sal e o fermento
são a alma pro alimento
mas na comida invisíveis
o que o céu dá de promessa

não tem grandeza que meça
milagres são intangíveis

A rosa é o seu presente
o lírio é a confiança
margarida é bem-querer
violeta é esperança
miosótis, amor dado
crisântemos são o cuidado
girassóis a direção
flor do cacto resistência
flor-do-campo persistência
Teresinha santa essência
flor que o céu plantou no chão.

**3. Palavra de Deus segundo São Mateus (6,25-31):**
***"Considerai como crescem os lírios do campo".***

"Por isso, eu vos digo: não fiqueis angustiados pela vossa vida, pensando sobre o que comereis ou bebereis, nem pelo vosso corpo, pensando sobre o que vestireis! Não vale a vida mais que o alimento, e o corpo mais que a veste? Observai as aves do céu: não semeiam, nem colhem, nem guardam em celeiros e, no entanto, vosso Pai celeste as alimenta! Não valeis muito mais que elas? E quem de vós, angustiando-se, poderá acrescentar um côvado à sua idade? E por que vos angustiais pela veste? Considerai como crescem os lírios do campo: não trabalham nem tecem, mas eu vos digo que nem Salomão, em toda a sua glória, se vestiu como um deles! Se Deus veste assim a relva, que hoje existe no campo e amanhã é lançada ao forno, não fará muito mais por vós, gente de fé pequena? Por isso, não vos angustieis pensando: 'Que comeremos? Que beberemos? Que vestiremos?'".

**4. Palavras de Santa Teresinha:**
*"Se uma florzinha pudesse falar".*

O Senhor sempre foi compassivo comigo e cheio de doçura... Lento em punir-me e abundante em misericórdia!... (Sl 102,8). Por isso, Madre, é com alegria que venho cantar junto a vós as misericórdias do Senhor... É só para vós que vou escrever a história da florzinha colhida por Jesus, por isso vou falar com liberdade, sem preocupar-me com o estilo [...]. Parece-me que, se uma florzinha pudesse falar, contaria simplesmente o que Deus fez por ela, sem procurar esconder seus favores; não diria, a pretexto de falsa humildade, que é feia e sem perfume, que o sol lhe fez perder o brilho e que as tempestades quebraram-lhe o caule quando reconhecesse em si mesma o contrário. A flor [...] reconhece que nada havia nela capaz de atrair seu divino olhar e que só a sua misericórdia fez tudo o que há de bom nela...[1]

**Para meditar ou partilhar:**
Santa Teresinha aprendeu a encontrar Deus nas pequenas coisas, no livro da natureza, na Bíblia e na vida. Onde enxergo a presença de Deus na minha vida cotidiana?
(*Canto*)

**5. Ramalhete de preces e súplicas:**

*Ladainha de Santa Teresinha.*

– Santa Teresinha de Jesus Menino,
Roga a Deus por nós, Santa Teresinha.

1. Id., *Obras completas de Santa Teresinha do Menino Jesus*, 70-71.

- Criança chegada nos braços de Deus,
  Roga a Deus por nós, Santa Teresinha,
- Sorriso inocente da simplicidade.

*Refrão*: Santa Teresinha, vem nos ajudar!
Na simplicidade com Jesus amar.

- Irmã Carmelita das rezas celestes,
  Roga a Deus por nós, Santa Teresinha.
- Perfume de Cristo na ressurreição,
  Roga a Deus por nós, Santa Teresinha.
- Ardente candeia na Eucaristia.
  *Refrão.*

- Ternura e instrumento do Espírito Santo,
  Roga a Deus por nós, Santa Teresinha.
- Candura que eleva o que Deus revela,
  Roga a Deus por nós, Santa Teresinha.
- Filial devota da Virgem Maria.
  *Refrão.*

- Ouvinte amorosa do santo Evangelho,
  Roga a Deus por nós, Santa Teresinha.
- Amor de coração da vida da Igreja,
  Roga a Deus por nós, Santa Teresinha.
- Orante modelo do povo de Deus.
  *Refrão.*

- Oblata oferente pelos sacerdotes,
  Roga a Deus por nós, Santa Teresinha.
- Querida dos pobres do Reino de Deus,
  Roga a Deus por nós, Santa Teresinha.
- Estrela da Graça de nossa união.
  *Refrão.*

- Bem aventurada das causas da paz,
  Roga a Deus por nós, Santa Teresinha.
- Bendita operária da messe do amor,
  Roga a Deus por nós, Santa Teresinha.
- Amiga do povo da boa esperança.
  *Refrão.*

- Santa Teresinha, missionária amada,
  Roga a Deus por nós, Santa Teresinha.
- Santa educadora da comunidade,
  Roga a Deus por nós, Santa Teresinha.
- Santa inspiradora da fé dos devotos.
  *Refrão.*

**6. Pedido da graça:**

*Animador(a)*: Rezemos juntos, colocando-nos confiantes diante de Deus, por intercessão de Santa Teresinha:

"Diante da Santíssima Trindade, agradeço ao Pai Misericordioso, ao Filho Redentor e ao Espírito Santo Consolador por todas as graças da vida de Santa Teresinha do Menino Jesus e da Santa Face, no decorrer de apenas 24 anos que passou na Terra. E pela intercessão de tão querida santinha, concedei-me a graça que confiantemente vos peço [*fazer aqui o pedido desejado*], se assim for conforme a vossa Vontade e para o bem maior de minha vida (ou da pessoa por quem estou rezando).

Ajudai, Santa Teresinha, a aumentar a minha fé, a renovar minha esperança e a crescer na capacidade de amar, cumprindo mais uma vez vossa promessa de que ficareis no Céu a fazer o bem na Terra, permitindo que eu receba uma rosa ou uma flor em sinal de que alcançarei a graça pedida".

*Animador(a)*: Em sinal dos anos de vida de nossa querida Santinha, rezemos 24 vezes: "Glória ao Pai, ao Filho e ao Espírito Santo, como era no princípio, agora e sempre. Amém".

**7. Orações finais e gesto concreto:**

Santa Teresinha reconhece o amor de Deus no cotidiano de sua vida, nas pequenas coisas. Nesse sentido, seria interessante fazer um gesto concreto de amor:

1) Ao invés de arrancar uma flor da natureza, que tal plantar uma semente ou cultivar uma muda de uma das flores citadas nesta novena, e doá-la a alguma pessoa, depois do novenário?
2) Outro gesto concreto à escolha...

Reza-se o pai-nosso e a ave-maria.

Abraço de paz (*canto*) e despedida.

# Cantos

## Tudo é obra de Deus

*Ir. Verônica Firmino, FSP*

Tudo é obra de Deus
Foi Ele quem tudo fez!
Demos graças a Ele!
Tudo é obra de Deus

## Tudo de mim

*Ir. Verônica Firmino, FSP*

Senhor queres tudo de mim, e Te dou
Eu quero viver a Tua Vida, por toda vida
Minha vida Te dou

## Aprender de Jesus

*Ir. Verônica Firmino, FSP*

Que os meus pensamentos
E os meus sentimentos
Se tornem mais humildes
E unidos aos de Jesus

Quero unir-me a Ele
Transformar-me Nele
Aprender de Jesus a pensar
A amar e a viver

Que Ele viva em mim
Que Cristo viva em mim
Que Ele viva em nós
Que Cristo viva em nós

## Em silêncio, Maria escutou

*Ir. Luiza Ricciardi, FSP*

Em silêncio Maria escutou
Tudo aquilo que Deus lhe falou
Conservando o seu coração
Disponível ao dom do amor

"És cheia de graça, Maria
Pois Deus te amou e escolheu
Um filho de ti nascerá:
Jesus, o Filho de Deus!" (bis)

"Maria és feliz porque creste"
Assim a saudou Isabel
"Bendita entre todas as mães
Porque és a mãe do Senhor" (bis)

Simeão no templo anunciou
A espada de dor que feriu
Maria que junto da cruz
De pé, ofertou seu Jesus (bis)

**Em meu amor pela Igreja**

*Ir. Míria T. Kolling*

Em meu amor pela Igreja e ardor missionário
eu quisera ser. Apóstolo, profeta e mártir, também
sacerdote, tudo escolher! No corpo do Senhor,
porém,
os membros nunca são iguais: do todo
procurando o bem, nenhum é mais.

Corpo do Senhor, a Igreja, deve ter um coração:
pra que santa ela seja, eis o amor, minha vocação!
Dom melhor, o mais perfeito, tudo abrange, tudo
alcança. Pulsa o coração da Igreja em meu peito:
serei o amor!

Quisera percorrer a terra e anunciar o Cristo
a todos os irmãos; plantar a cruz em todo canto,
dar a minha vida pela Salvação. Mas a resposta
eu encontrei a este apaixonado amor: é a caridade:
eis a lei, o Dom Maior!

O amor alcança todo tempo, está em toda parte, é eterno o amor! E toda vocação abrange, nada se sustenta sem o Dom Maior. Eu sei, enfim, minha missão, na Mãe Igreja, o meu lugar. Ser tudo, ser seu coração, somente amar!

**Passarei o meu Céu**

*Ir. Míria T. Kolling*

Passarei o meu céu fazendo o bem sobre a Terra!
Junto a Deus, com os anjos, rosas distribuirei.
Cada flor, meu amor, tocando o amor de Jesus!

Uma chuva de rosas mandarei sobre a terra.
Graças de amor do meu Senhor, flores do
coração!

Infeliz lá no céu seria eu, não pudesse.
Promover alegrias aos que amo aqui.
Quero, sim, até o fim, meu céu na terra passar!

**Salve, salve Santa Teresinha**

*Dom Pedro Brito Guimarães/*
*Pe. Wallison Rodrigues*

Eu encontrei o amor
Em forma de flor
No coração da igreja (minha mãe)
Eu encontrei uma cruz
Em forma de luz
No coração da igreja
Salve, salve santa Teresinha
Do menino Jesus
E da sagrada face!

Do mistério da encarnação
Adotei, com unção, o Menino Jesus
E do sangue jorrado da espada
Acolhi, com ação, sua Face Sagrada
O meu único amor é Jesus
No berço ou na cruz
O meu elevador

Vou ao céu pela via pequena
Como águia serena
Nos voos do amor.

É o desejo do meu coração
Percorrer em missão, e a cruz implantar
O amor é minha vocação
Com prazer e atração, corações conquistar
Uma chuva de bênção e de rosas
Bonitas e cheirosas
Do céu mandarei
O segredo do meu coração
É ser toda missão
E assim viverei.

O amor é o fermento da vida
Ao doar, sem medida, à altura da fé
No meu rosto eu trago o sorriso
O registro preciso do manter-me de pé
O meu livro é o santo Evangelho
Do qual vivo e me espelho

Sem insônia ou delírio
E nos braços do Pai eu me entrego
Qual criança me apego
O meu doce martírio.

Tudo é grande se feito com amor
Na alegria ou na dor: oração, sacrifício
Eu não morro, eu entro na vida
Vivo agradecida, apesar do suplício
Sou pequena, sou fraca, sou pobre
Mas Jesus me encobre
Com a sua bondade
O impulso do meu coração
É a minha oração
A minha santidade!